TRANZLATY
El idioma es para todos

La lingua è per tutti

La Bella y la Bestia

La Bella e la Bestia

Gabrielle-Suzanne Barbot de Villeneuve

Español / Italiano

Copyright © 2025 Tranzlaty
All rights reserved
Published by Tranzlaty
ISBN: 978-1-80572-082-9
Original text by Gabrielle-Suzanne Barbot de Villeneuve
La Belle et la Bête
First published in French in 1740
Taken from The Blue Fairy Book (Andrew Lang)
Illustration by Walter Crane
www.tranzlaty.com

Había una vez un rico comerciante
C'era una volta un ricco mercante
Este rico comerciante tuvo seis hijos.
Questo ricco mercante ebbe sei figli
Tenía tres hijos y tres hijas.
Ebbe tre figli e tre figlie
No escatimó en gastos para su educación
Non ha badato a spese per la loro istruzione
Porque era un hombre sensato
perché era un uomo di buon senso
pero dio a sus hijos muchos siervos
ma diede ai suoi figli molti servi
Sus hijas eran extremadamente bonitas
le sue figlie erano estremamente carine
Y su hija menor era especialmente bonita.
e la figlia più giovane era particolarmente carina
Desde niña ya admiraban su belleza
già da bambina la sua bellezza era ammirata
y la gente la llamaba por su belleza
e il popolo la chiamava con la sua bellezza
Su belleza no se desvaneció a medida que envejecía.
la sua bellezza non è svanita con l'avanzare dell'età
Así que la gente seguía llamándola por su belleza.
così la gente continuava a chiamarla con la sua bellezza
Esto puso muy celosas a sus hermanas.
Questo rese le sue sorelle molto gelose
Las dos hijas mayores tenían mucho orgullo.
Le due figlie maggiori erano molto orgogliose
Su riqueza era la fuente de su orgullo.
La loro ricchezza era la fonte del loro orgoglio
y tampoco ocultaron su orgullo
E non nascondevano nemmeno il loro orgoglio
No visitaron a las hijas de otros comerciantes.
non visitavano le figlie di altri mercanti
Porque sólo se encuentran con la aristocracia.
perché incontrano solo l'aristocrazia

Salían todos los días a fiestas.
Uscivano tutti i giorni alle feste
bailes, obras de teatro, conciertos, etc.
balli, spettacoli teatrali, concerti e così via
y se rieron de su hermana menor
e risero della loro sorella minore
Porque pasaba la mayor parte del tiempo leyendo
perché passava la maggior parte del suo tempo a leggere
Era bien sabido que eran ricos
Era risaputo che erano ricchi
Así que varios comerciantes eminentes pidieron su mano.
Così diversi eminenti mercanti chiesero la loro mano
pero dijeron que no se iban a casar
Ma hanno detto che non si sarebbero sposati
Pero estaban dispuestos a hacer algunas excepciones.
ma erano pronti a fare alcune eccezioni
"Quizás podría casarme con un duque"
"forse potrei sposare un duca"
"Supongo que podría casarme con un conde"
"Immagino che potrei sposare un conte"
Bella agradeció muy civilizadamente a quienes le propusieron matrimonio.
Bella ringraziava molto civilmente coloro che le chiedevano di sposarlo
Ella les dijo que todavía era demasiado joven para casarse.
Disse loro che era ancora troppo giovane per sposarsi
Ella quería quedarse unos años más con su padre.
Voleva stare ancora qualche anno con suo padre
De repente el comerciante perdió su fortuna.
All'improvviso il mercante perse la sua fortuna
Lo perdió todo excepto una pequeña casa de campo.
perse tutto tranne una piccola casa di campagna
Y con lágrimas en los ojos les dijo a sus hijos:
E disse ai suoi figli con le lacrime agli occhi:
"Tenemos que ir al campo"
"Dobbiamo andare in campagna"

"y debemos trabajar para vivir"
"E dobbiamo lavorare per vivere"
Las dos hijas mayores no querían abandonar el pueblo.
Le due figlie maggiori non volevano lasciare la città
Tenían varios amantes en la ciudad.
Avevano diversi amanti in città
y estaban seguros de que uno de sus amantes se casaría con ellos
ed erano sicuri che uno dei loro amanti li avrebbe sposati
Pensaban que sus amantes se casarían con ellos incluso sin fortuna.
Pensavano che i loro amanti li avrebbero sposati anche senza fortuna
Pero las buenas damas estaban equivocadas.
ma le brave signore si sbagliavano
Sus amantes los abandonaron muy rápidamente
i loro amanti li abbandonarono molto rapidamente
porque ya no tenían fortuna
perché non avevano più fortuna
Esto demostró que en realidad no eran muy queridos.
Questo ha dimostrato che in realtà non erano ben voluti
Todos dijeron que no merecían compasión.
Tutti hanno detto che non meritano di essere compatiti
"Nos alegra ver su orgullo humillado"
"Siamo lieti di vedere il loro orgoglio umiliato"
"Que se sientan orgullosos de ordeñar vacas"
"Si fobbino di mungere le mucche"
Pero estaban preocupados por Bella.
ma erano preoccupati per Bella
Ella era una criatura tan dulce
Era una creatura così dolce
Ella hablaba tan amablemente a la gente pobre.
Parlava così gentilmente alla povera gente
Y ella era de una naturaleza tan inocente.
ed era di una natura così innocente
Varios caballeros se habrían casado con ella.

Diversi gentiluomini l'avrebbero sposata
Se habrían casado con ella aunque fuera pobre
l'avrebbero sposata anche se era povera
pero ella les dijo que no podía casarlos
Ma lei disse loro che non poteva sposarli
porque ella no dejaría a su padre
perché non voleva lasciare suo padre
Ella estaba decidida a ir con él al campo.
Era decisa ad andare con lui in campagna
para que ella pudiera consolarlo y ayudarlo
in modo che potesse confortarlo e aiutarlo
La pobre belleza estaba muy triste al principio.
La povera Bella era molto addolorata all'inizio
Ella estaba afligida por la pérdida de su fortuna.
era addolorata per la perdita della sua fortuna
"Pero llorar no cambiará mi suerte"
"Ma piangere non cambierà le mie fortune"
"Debo intentar ser feliz sin riquezas"
"Devo cercare di rendermi felice senza ricchezza"
Llegaron a su casa de campo
Arrivarono nella loro casa di campagna
y el comerciante y sus tres hijos se dedicaron a la agricultura
e il mercante e i suoi tre figli si dedicarono all'agricoltura
Bella se levantó a las cuatro de la mañana.
Bella si alzava alle quattro del mattino
y se apresuró a limpiar la casa
e si affrettò a pulire la casa
y se aseguró de que la cena estuviera lista
e si assicurò che la cena fosse pronta
Al principio encontró su nueva vida muy difícil.
All'inizio ha trovato la sua nuova vita molto difficile
porque no estaba acostumbrada a ese tipo de trabajo
perché non era stata abituata a un lavoro del genere
Pero en menos de dos meses se hizo más fuerte.
ma in meno di due mesi divenne più forte
Y ella estaba más sana que nunca.

ed era più sana che mai
Después de haber hecho su trabajo, leyó
Dopo aver finito il suo lavoro, leggeva
Ella tocaba el clavicémbalo
Suonava il clavicembalo
o cantaba mientras hilaba seda
o cantava mentre filava la seta
Por el contrario, sus dos hermanas no sabían cómo pasar el tiempo.
Al contrario, le sue due sorelle non sapevano come passare il loro tempo
Se levantaron a las diez y no hicieron nada más que holgazanear todo el día.
Si alzavano alle dieci e non facevano altro che oziare tutto il giorno
Lamentaron la pérdida de sus hermosas ropas.
Hanno lamentato la perdita dei loro bei vestiti
y se quejaron de perder a sus conocidos
e si lamentavano di aver perso i loro conoscenti
"Mirad a nuestra hermana menor", se dijeron.
"Dai un'occhiata alla nostra sorella più piccola", si dissero l'un l'altro
"¡Qué criatura tan pobre y estúpida es!"
"Che povera e stupida creatura è"
"Es mezquino contentarse con tan poco"
"È meschino accontentarsi di così poco"
El amable comerciante tenía una opinión muy diferente.
Il gentile mercante era di tutt'altra opinione
Él sabía muy bien que Bella eclipsaba a sus hermanas.
sapeva benissimo che Bella eclissava le sue sorelle
Ella los eclipsó tanto en carácter como en mente.
Li ha eclissati sia nel carattere che nella mente
Él admiraba su humildad y su arduo trabajo.
ammirava la sua umiltà e il suo duro lavoro
Pero sobre todo admiraba su paciencia.
ma più di tutto ammirava la sua pazienza

Sus hermanas le dejaron todo el trabajo por hacer.
Le sue sorelle le lasciarono tutto il lavoro da fare
y la insultaban a cada momento
e l'hanno insultata in ogni momento
La familia había vivido así durante aproximadamente un año.
La famiglia viveva così da circa un anno
Entonces el comerciante recibió una carta de un contable.
Poi il mercante ricevette una lettera da un contabile
Tenía una inversión en un barco.
Aveva investito in una nave
y el barco había llegado sano y salvo
e la nave era arrivata sana e salva
Esta noticia hizo que las dos hijas mayores se volvieran locas.
Questa notizia fece girare la testa alle due figlie maggiori
Inmediatamente tuvieron esperanzas de regresar a la ciudad.
Ebbero subito la speranza di tornare in città
Porque estaban bastante cansados de la vida en el campo.
perché erano abbastanza stanchi della vita di campagna
Fueron a ver a su padre cuando él se iba.
Andarono dal padre mentre se ne andava
Le rogaron que les comprara ropa nueva
Lo pregarono di comprare loro dei vestiti nuovi
Vestidos, cintas y todo tipo de cositas.
vestiti, nastri e ogni sorta di piccole cose
Pero Bella no pedía nada.
ma Bella non ha chiesto nulla
Porque pensó que el dinero no sería suficiente.
perché pensava che i soldi non sarebbero stati sufficienti
No habría suficiente para comprar todo lo que sus hermanas querían.
Non ci sarebbe stato abbastanza per comprare tutto ciò che le sue sorelle volevano
- ¿Qué te gustaría, Bella? -preguntó su padre.
«Che cosa ti piacerebbe, Bella?» chiese il padre

"Gracias, padre, por la bondad de pensar en mí", dijo.
«Grazie, padre, per la bontà di pensare a me», disse
"Padre, ten la amabilidad de traerme una rosa"
"Padre, sii così gentile da portarmi una rosa"
"Porque aquí en el jardín no crecen rosas"
"Perché qui in giardino non crescono rose"
"y las rosas son una especie de rareza"
"E le rose sono una specie di rarità"
A Bella realmente no le importaban las rosas
Bella non importava davvero delle rose
Ella solo pidió algo para no condenar a sus hermanas.
Chiedeva solo qualcosa per non condannare le sue sorelle
Pero sus hermanas pensaron que ella pidió rosas por otros motivos.
Ma le sue sorelle pensavano che avesse chiesto delle rose per altri motivi
"Lo hizo sólo para parecer especial"
"Lo faceva solo per sembrare particolare"
El hombre amable continuó su viaje.
L'uomo gentile proseguì il suo viaggio
pero cuando llego discutieron sobre la mercancía
ma quando arrivò, litigarono per la merce
Y después de muchos problemas volvió tan pobre como antes.
e dopo un sacco di guai tornò povero come prima
Estaba a un par de horas de su propia casa.
Era a un paio d'ore da casa sua
y ya imaginaba la alegría de ver a sus hijos
e già immaginava la gioia di vedere i suoi figli
pero al pasar por el bosque se perdió
ma quando attraversava la foresta si perdeva
Llovió y nevó terriblemente
Pioveva e nevicava terribilmente
El viento era tan fuerte que lo arrojó del caballo.
Il vento era così forte che lo fece cadere da cavallo
Y la noche se acercaba rápidamente

e la notte stava arrivando in fretta
Empezó a pensar que podría morir de hambre.
Cominciò a pensare che avrebbe potuto morire di fame
y pensó que podría morir congelado
e pensò che sarebbe potuto morire assidere
y pensó que los lobos podrían comérselo
E pensava che i lupi potessero mangiarlo
Los lobos que oía aullar a su alrededor
i lupi che sentiva ululare intorno a lui
Pero de repente vio una luz.
ma all'improvviso vide una luce
Vio la luz a lo lejos entre los árboles.
Vide la luce in lontananza attraverso gli alberi
Cuando se acercó vio que la luz era un palacio.
Quando si avvicinò, vide che la luce era un palazzo
El palacio estaba iluminado de arriba a abajo.
Il palazzo era illuminato da cima a fondo
El comerciante agradeció a Dios por su suerte.
il mercante ringraziò Dio per la sua fortuna
y se apresuró a ir al palacio
e si affrettò a palazzo
Pero se sorprendió al no ver gente en el palacio.
ma fu sorpreso di non vedere nessuno nel palazzo
El patio estaba completamente vacío.
Il cortile era completamente vuoto
y no había señales de vida en ninguna parte
e non c'era segno di vita da nessuna parte
Su caballo lo siguió hasta el palacio.
Il suo cavallo lo seguì nel palazzo
y luego su caballo encontró un gran establo
e poi il suo cavallo trovò una grande stalla
El pobre animal estaba casi muerto de hambre.
il povero animale era quasi affamato
Entonces su caballo fue a buscar heno y avena.
Così il suo cavallo andò a cercare fieno e avena
Afortunadamente encontró mucho para comer.

Fortunatamente trovò molto da mangiare
y el mercader ató su caballo al pesebre
e il mercante legò il cavallo alla mangiatoia
Caminando hacia la casa no vio a nadie.
Camminando verso la casa non vide nessuno
Pero en un gran salón encontró un buen fuego.
ma in una grande sala trovò un buon fuoco
y encontró una mesa puesta para uno
e trovò una tavola apparecchiata per uno
Estaba mojado por la lluvia y la nieve.
Era bagnato dalla pioggia e dalla neve
Entonces se acercó al fuego para secarse.
Così si avvicinò al fuoco per asciugarsi
"Espero que el dueño de la casa me disculpe"
"Spero che il padrone di casa mi scusi"
"Supongo que no tardará mucho en aparecer alguien"
"Suppongo che non ci vorrà molto prima che qualcuno appaia"
Esperó un tiempo considerable
Attese a lungo
Esperó hasta que dieron las once y todavía no venía nadie.
Attese che battessero le undici, e ancora non arrivò nessuno
Al final tenía tanta hambre que no podía esperar más.
Alla fine era così affamato che non poteva più aspettare
Tomó un poco de pollo y se lo comió en dos bocados.
Prese del pollo e lo mangiò in due bocconi
Estaba temblando mientras comía la comida.
Stava tremando mentre mangiava il cibo
Después de esto bebió unas copas de vino.
Dopo di che bevve qualche bicchiere di vino
Cada vez más valiente, salió del salón.
Diventando più coraggioso, uscì dalla sala
y atravesó varios grandes salones
e attraversò diverse grandi sale
Caminó por el palacio hasta llegar a una cámara.
Camminò per il palazzo finché non entrò in una camera

Una habitación que tenía una cama muy buena.
una camera che aveva un letto estremamente buono
Estaba muy fatigado por su terrible experiencia.
era molto stanco per il suo calvario
Y ya era pasada la medianoche
e l'ora era già passata la mezzanotte
Entonces decidió que era mejor cerrar la puerta.
Così decise che era meglio chiudere la porta
y concluyó que debía irse a la cama
e concluse che doveva andare a letto
Eran las diez de la mañana cuando el comerciante se despertó.
Erano le dieci del mattino quando il mercante si svegliò
Justo cuando iba a levantarse vio algo
Proprio mentre stava per alzarsi, vide qualcosa
Se sorprendió al ver un conjunto de ropa limpia.
Rimase stupito nel vedere un set di vestiti puliti
En el lugar donde había dejado su ropa sucia.
nel luogo in cui aveva lasciato i suoi vestiti sporchi
"Seguramente este palacio pertenece a algún tipo de hada"
"Certamente questo palazzo appartiene a una fata gentile"
" Un hada que me ha visto y se ha compadecido de mí"
"una fata che mi ha visto e mi ha compatito"
Miró por una ventana
Guardò attraverso una finestra
Pero en lugar de nieve vio el jardín más delicioso.
ma invece della neve vide il giardino più delizioso
Y en el jardín estaban las rosas más hermosas.
e nel giardino c'erano le rose più belle
Luego regresó al gran salón.
Poi tornò nella Sala Grande
El salón donde había tomado sopa la noche anterior.
la sala dove aveva mangiato la zuppa la sera prima
y encontró un poco de chocolate en una mesita
e trovò della cioccolata su un tavolino
"Gracias, buena señora hada", dijo en voz alta.

«Grazie, buona Madama Fata», disse ad alta voce
"Gracias por ser tan cariñoso"
"Grazie per essere così premuroso"
"Le estoy sumamente agradecido por todos sus favores"
"Vi sono estremamente grato per tutti i vostri favori"
El hombre amable bebió su chocolate.
L'uomo gentile bevve la sua cioccolata
y luego fue a buscar su caballo
e poi andò a cercare il suo cavallo
Pero en el jardín recordó la petición de Bella.
ma in giardino si ricordò della richiesta Di Bella
y cortó una rama de rosas
e tagliò un ramo di rose
Inmediatamente oyó un gran ruido
Immediatamente udì un gran rumore
y vio una bestia terriblemente espantosa
e vide una bestia terribilmente spaventosa
Estaba tan asustado que estaba a punto de desmayarse.
Era così spaventato che era sul punto di svenire
-Eres muy desagradecido -le dijo la bestia.
"Sei molto ingrato," gli disse la Bestia
Y la bestia habló con voz terrible
e la Bestia parlò con voce terribile
"Te he salvado la vida al permitirte entrar en mi castillo"
"Ti ho salvato la vita permettendoti di entrare nel mio castello"
"¿Y a cambio me robas mis rosas?"
"E per questo mi rubi in cambio le mie rose?"
"Las rosas que valoro más que nada"
"Le rose che apprezzo più di ogni altra cosa"
"Pero morirás por lo que has hecho"
"Ma tu morirai per quello che hai fatto"
"Sólo te doy un cuarto de hora para que te prepares"
"Ti do solo un quarto d'ora per prepararti"
"Prepárate para la muerte y di tus oraciones"
"Preparati alla morte e dì le tue preghiere"
El comerciante cayó de rodillas

Il mercante cadde in ginocchio
y alzó ambas manos
e alzò entrambe le mani
"Mi señor, le ruego que me perdone"
"Mio signore, ti supplico di perdonarmi"
"No tuve intención de ofenderte"
"Non avevo intenzione di offenderti"
"Recogí una rosa para una de mis hijas"
"Ho raccolto una rosa per una delle mie figlie"
"Ella me pidió que le trajera una rosa"
"Mi ha chiesto di portarle una rosa"
-No soy tu señor, pero soy una bestia -respondió el monstruo.
"Non sono il tuo signore, ma sono una Bestia," rispose il mostro
"No me gustan los cumplidos"
"Non amo i complimenti"
"Me gusta la gente que habla como piensa"
"Mi piacciono le persone che parlano come pensano"
"No creas que me puedo conmover con halagos"
"non crediate che io possa essere commosso dall'adulazione"
"Pero dices que tienes hijas"
"Ma tu dici di avere delle figlie"
"Te perdonaré con una condición"
"Ti perdonerò a una condizione"
"Una de tus hijas debe venir voluntariamente a mi palacio"
"Una delle tue figlie deve venire volentieri al mio palazzo"
"y ella debe sufrir por ti"
"E deve soffrire per te"
"Déjame tener tu palabra"
"Fammi avere la tua parola"
"Y luego podrás continuar con tus asuntos"
"E poi puoi fare i fatti tuoi"
"Prométeme esto:"
"Promettimi questo:"
"Si tu hija se niega a morir por ti, deberás regresar dentro de

tres meses"
"Se tua figlia si rifiuta di morire per te, devi tornare entro tre mesi"
El comerciante no tenía intenciones de sacrificar a sus hijas.
Il mercante non aveva intenzione di sacrificare le sue figlie
Pero, como le habían dado tiempo, quiso volver a ver a sus hijas.
ma, poiché gli era stato dato tempo, voleva rivedere le sue figlie
Así que prometió que volvería.
Così promise che sarebbe tornato
Y la bestia le dijo que podía partir cuando quisiera.
e la Bestia gli disse che poteva partire quando gli piaceva
y la bestia le dijo una cosa más
e la Bestia gli disse un'altra cosa
"No te irás con las manos vacías"
"Non te ne andrai a mani vuote"
"Vuelve a la habitación donde yacías"
"Torna nella stanza dove ti sei sdraiato"
"Verás un gran cofre del tesoro vacío"
"Vedrai un grande scrigno vuoto"
"Llena el cofre del tesoro con lo que más te guste"
"Riempi lo scrigno del tesoro con ciò che ti piace di più"
"y enviaré el cofre del tesoro a tu casa"
"e manderò lo scrigno a casa tua"
Y al mismo tiempo la bestia se retiró.
e nello stesso tempo la Bestia si ritirò
"Bueno", se dijo el buen hombre.
"Ebbene," disse il brav'uomo tra sé
"Si tengo que morir, al menos dejaré algo a mis hijos"
"se devo morire, lascerò almeno qualcosa ai miei figli"
Así que regresó al dormitorio.
Così tornò nella camera da letto
y encontró una gran cantidad de piezas de oro
e trovò un gran numero di pezzi d'oro
Llenó el cofre del tesoro que la bestia había mencionado.

riempì lo scrigno del tesoro di cui la Bestia aveva parlato
y sacó su caballo del establo
e prese il cavallo dalla stalla
La alegría que sintió al entrar al palacio ahora era igual al dolor que sintió al salir de él.
La gioia che provava entrando nel palazzo era ora pari al dolore che provava lasciandolo
El caballo tomó uno de los caminos del bosque.
Il cavallo prese una delle strade della foresta
Y en pocas horas el buen hombre estaba en casa.
e in poche ore il brav'uomo fu a casa
Sus hijos vinieron a él
i suoi figli vennero da lui
Pero en lugar de recibir sus abrazos con placer, los miró.
ma invece di ricevere i loro abbracci con piacere, li guardò
Levantó la rama que tenía en sus manos.
Sollevò il ramo che aveva tra le mani
y luego estalló en lágrimas
e poi scoppiò in lacrime
"Belleza", dijo, "por favor toma estas rosas".
"Bellezza", disse, "per favore prendi queste rose"
"No puedes saber lo costosas que han sido estas rosas"
"Non puoi sapere quanto siano state costose queste rose"
"Estas rosas le han costado la vida a tu padre"
"Queste rose sono costate la vita a tuo padre"
Y luego contó su fatal aventura.
e poi raccontò la sua fatale avventura
Inmediatamente las dos hermanas mayores gritaron.
Immediatamente le due sorelle maggiori gridarono
y le dijeron muchas cosas malas a su hermosa hermana
E dissero molte cose cattive alla loro bella sorella
Pero Bella no lloró en absoluto.
ma Bella non pianse affatto
"Mirad el orgullo de ese pequeño desgraciado", dijeron.
"Guarda l'orgoglio di quel disgraziato," dissero.
"ella no pidió ropa fina"

"Non ha chiesto bei vestiti"
"Ella debería haber hecho lo que hicimos"
"Avrebbe dovuto fare quello che abbiamo fatto noi"
"ella quería distinguirse"
"Voleva distinguersi"
"Así que ahora ella será la muerte de nuestro padre"
"Così ora sarà la morte del Padre nostro"
"Y aún así no derrama ni una lágrima"
"eppure non versa una lacrima"
"¿Por qué debería llorar?" respondió Bella
"Perché dovrei piangere?" rispose Bella
"Llorar sería muy innecesario"
"Piangere sarebbe molto inutile"
"mi padre no sufrirá por mí"
"Il Padre mio non patirà per me"
"El monstruo aceptará a una de sus hijas"
"Il mostro accetterà una delle sue figlie"
"Me ofreceré a toda su furia"
"Mi offrirò a tutto il suo furore"
"Estoy muy feliz, porque mi muerte salvará la vida de mi padre"
"Sono molto felice, perché la mia morte salverà la vita di mio padre"
"mi muerte será una prueba de mi amor"
"La mia morte sarà una prova del mio amore"
-No, hermana -dijeron sus tres hermanos.
«No, sorella», dissero i tre fratelli
"Eso no será"
"Questo non avverrà"
"Iremos a buscar al monstruo"
"Andremo a cercare il mostro"
"y o lo matamos..."
"E o lo uccideremo..."
"...o pereceremos en el intento"
"... o periremo nel tentativo"
"No imaginéis tal cosa, hijos míos", dijo el mercader.

"Non immaginate una cosa del genere, figli miei," disse il mercante
"El poder de la bestia es tan grande que no tengo esperanzas de que puedas vencerlo"
"il potere della Bestia è così grande che non ho alcuna speranza che tu possa sconfiggerlo"
"Estoy encantado con la amable y generosa oferta de Bella"
"Sono affascinato dalla gentile e generosa offerta di Bella"
"pero no puedo aceptar su generosidad"
"ma non posso accettare la sua generosità"
"Soy viejo y no me queda mucho tiempo de vida"
"Sono vecchio e non mi resta molto da vivere"
"Así que sólo puedo perder unos pocos años"
"così posso perdere solo qualche anno"
"Tiempo que lamento por vosotros, mis queridos hijos"
"Tempo che rimpiango per voi, miei cari figli"
"Pero padre", dijo Bella
«Ma padre» disse Bella
"No irás al palacio sin mí"
"Non andrai a palazzo senza di me"
"No puedes impedir que te siga"
"Non puoi impedirmi di seguirti"
Nada podría convencer a Bella de lo contrario.
nulla potrebbe convincere Bella del contrario
Ella insistió en ir al bello palacio.
Insistette per andare al bel palazzo
y sus hermanas estaban encantadas con su insistencia
e le sue sorelle erano contente della sua insistenza
El comerciante estaba preocupado ante la idea de perder a su hija.
Il mercante era preoccupato al pensiero di perdere la figlia
Estaba tan preocupado que se había olvidado del cofre lleno de oro.
Era così preoccupato che si era dimenticato del forziere pieno d'oro
Por la noche se retiró a descansar y cerró la puerta de su

habitación.
Di notte si ritirava a riposare e chiudeva la porta della camera
Entonces, para su gran asombro, encontró el tesoro junto a su cama.
poi, con suo grande stupore, trovò il tesoro accanto al letto
Estaba decidido a no contárselo a sus hijos.
Era deciso a non dirlo ai suoi figli
Si lo supieran, hubieran querido regresar al pueblo.
Se l'avessero saputo, avrebbero voluto tornare in città
y estaba decidido a no abandonar el campo
ed era deciso a non lasciare la campagna
Pero él confió a Bella el secreto.
ma lui si fidava di Bella con il segreto
Ella le informó que dos caballeros habían llegado.
Lo informò che erano venuti due signori
y le hicieron propuestas a sus hermanas
e fecero proposte alle sue sorelle
Ella le rogó a su padre que consintiera su matrimonio.
Pregò suo padre di acconsentire al loro matrimonio
y ella le pidió que les diera algo de su fortuna
e gli chiese di dare loro un po' della sua fortuna
Ella ya los había perdonado.
Lei li aveva già perdonati
Las malvadas criaturas se frotaron los ojos con cebollas.
Le creature malvagie si strofinavano gli occhi con le cipolle
Para forzar algunas lágrimas cuando se separaron de su hermana.
per forzare alcune lacrime quando si sono separati dalla sorella
Pero sus hermanos realmente estaban preocupados.
Ma i suoi fratelli erano davvero preoccupati
Bella fue la única que no derramó ninguna lágrima.
Bella era l'unica che non versava lacrime
Ella no quería aumentar su malestar.
Non voleva aumentare il loro disagio
El caballo tomó el camino directo al palacio.

Il cavallo prese la strada diretta verso il palazzo
y hacia la tarde vieron el palacio iluminado
e verso sera videro il palazzo illuminato
El caballo volvió a entrar solo en el establo.
Il cavallo si riportò nella stalla
Y el buen hombre y su hija entraron en el gran salón.
E il brav'uomo e sua figlia entrarono nella sala grande
Aquí encontraron una mesa espléndidamente servida.
Qui trovarono una tavola splendidamente imbandita
El comerciante no tenía apetito para comer
Il mercante non aveva appetito per mangiare
Pero Bella se esforzó por parecer alegre.
ma Bella si sforzava di apparire allegra
Ella se sentó a la mesa y ayudó a su padre.
Si sedette a tavola e aiutò suo padre
Pero también pensó para sí misma:
Ma pensò anche tra sé:
"La bestia seguramente quiere engordarme antes de comerme"
"La bestia vuole certo ingrassarmi prima di mangiarmi"
"Por eso ofrece tanto entretenimiento"
"Ecco perché provvede così tanti divertimenti"
Después de haber comido oyeron un gran ruido.
Dopo aver mangiato, udirono un gran rumore
Y el comerciante se despidió de su desdichado hijo con lágrimas en los ojos.
e il mercante disse addio al suo sfortunato bambino, con le lacrime agli occhi
Porque sabía que la bestia venía
perché sapeva che la Bestia stava arrivando
Bella estaba aterrorizada por su horrible forma.
Bella era terrorizzata dalla sua forma orribile
Pero ella tomó coraje lo mejor que pudo.
ma si fece coraggio meglio che poté
Y el monstruo le preguntó si venía voluntariamente.
e il mostro le chiese se fosse venuta volentieri

-Sí, he venido voluntariamente -dijo temblando.
«Sì, sono venuta volentieri», disse lei tremante
La bestia respondió: "Eres muy bueno"
la Bestia rispose: "Sei molto buono"
"Y te lo agradezco mucho, hombre honesto"
"e vi sono molto grato; uomo onesto"
"Continuad vuestro camino mañana por la mañana"
"Andate per la vostra strada domani mattina"
"Pero nunca pienses en venir aquí otra vez"
"ma non pensare mai più di venire qui"
"Adiós bella, adiós bestia", respondió.
"Addio Bella, addio Bestia," rispose lui
Y de inmediato el monstruo se retiró.
e subito il mostro si ritirò
"Oh, hija", dijo el comerciante.
"Oh, figlia," disse il mercante
y abrazó a su hija una vez más
e abbracciò ancora una volta la figlia
"Estoy casi muerto de miedo"
"Ho quasi paura a morte"
"Créeme, será mejor que regreses"
"Credimi, faresti meglio a tornare indietro"
"déjame quedarme aquí, en tu lugar"
"Lasciami stare qui, al posto tuo"
—No, padre —dijo Bella con tono decidido.
«No, padre» disse Bella in tono risoluto
"Partirás mañana por la mañana"
"Partirai domani mattina"
"déjame al cuidado y protección de la providencia"
"Lasciami alle cure e alla protezione della Provvidenza"
Aún así se fueron a la cama
Ciononostante andarono a letto
Pensaron que no cerrarían los ojos en toda la noche.
Pensavano che non avrebbero chiuso occhio tutta la notte
pero justo cuando se acostaron se durmieron
ma proprio come si sdraiarono, dormirono

Bella soñó que una bella dama se acercó y le dijo:
Bella sognò che una bella dama veniva e le diceva:
"Estoy contento, bella, con tu buena voluntad"
"Sono contenta, Bella, della tua buona volontà"
"Esta buena acción tuya no quedará sin recompensa"
"Questa tua buona azione non rimarrà senza ricompensa"
Bella se despertó y le contó a su padre su sueño.
Bella si svegliò e raccontò a suo padre il suo sogno
El sueño ayudó a consolarlo un poco.
Il sogno lo aiutò a confortarlo un po'
Pero no pudo evitar llorar amargamente mientras se marchaba.
ma non poté fare a meno di piangere amaramente mentre se ne andava
Tan pronto como se fue, Bella se sentó en el gran salón y lloró también.
appena se ne fu andato, Bella sedette nella grande sala e pianse anche lei
Pero ella decidió no sentirse inquieta.
ma decise di non essere a disagio
Ella decidió ser fuerte por el poco tiempo que le quedaba de vida.
Decise di essere forte per il poco tempo che le restava da vivere
Porque creía firmemente que la bestia la comería.
perché credeva fermamente che la Bestia l'avrebbe mangiata
Sin embargo, pensó que también podría explorar el palacio.
Tuttavia, pensò che avrebbe potuto anche esplorare il palazzo
y ella quería ver el hermoso castillo
e voleva vedere il bel castello
Un castillo que no pudo evitar admirar.
un castello che non poté fare a meno di ammirare
Era un palacio deliciosamente agradable.
Era un palazzo deliziosamente piacevole
y ella se sorprendió muchísimo al ver una puerta
e fu estremamente sorpresa nel vedere una porta

Y sobre la puerta estaba escrito que era su habitación.
e sopra la porta c'era scritto che era la sua stanza
Ella abrió la puerta apresuradamente
Aprì la porta in fretta
y ella quedó completamente deslumbrada con la magnificencia de la habitación.
e lei era piuttosto abbagliata dalla magnificenza della stanza
Lo que más le llamó la atención fue una gran biblioteca.
Ciò che attirava principalmente la sua attenzione era una grande biblioteca
Un clavicémbalo y varios libros de música.
un clavicembalo e diversi libri di musica
"Bueno", se dijo a sí misma.
«Ebbene», disse tra sé
"Veo que la bestia no dejará que mi tiempo cuelgue pesadamente"
"Vedo che la Bestia non lascerà che il mio tempo penda pesantemente"
Entonces reflexionó sobre su situación.
Poi ha riflettuto tra sé e sé sulla sua situazione
"Si me hubiera quedado un día, todo esto no estaría aquí"
"Se dovessi restare un giorno tutto questo non sarebbe qui"
Esta consideración le inspiró nuevo coraje.
Questa considerazione le ispirò nuovo coraggio
y tomó un libro de su nueva biblioteca
e prese un libro dalla sua nuova biblioteca
y leyó estas palabras en letras doradas:
E lesse queste parole a lettere d'oro:
"Bienvenida Bella, destierra el miedo"
"Benvenuta Bella, scaccia la paura"
"Eres reina y señora aquí"
"Tu sei la regina e la padrona qui"
"De tus deseos, di tu voluntad"
"Esprimi i tuoi desideri, esprimi la tua volontà"
"Aquí la obediencia rápida cumple tus deseos"
"La rapida obbedienza soddisfa i tuoi desideri qui"

"¡Ay!", dijo ella con un suspiro.
«Ahimè», disse lei, con un sospiro
"Lo que más deseo es ver a mi pobre padre"
"Più di tutto desidero vedere il mio povero padre"
"y me gustaría saber qué está haciendo"
"e vorrei sapere cosa sta facendo"
Tan pronto como dijo esto se dio cuenta del espejo.
Appena ebbe detto questo, notò lo specchio
Para su gran asombro, vio su propia casa en el espejo.
Con suo grande stupore vide la propria casa nello specchio
Su padre llegó emocionalmente agotado.
Suo padre è arrivato emotivamente esausto
Sus hermanas fueron a recibirlo
Le sue sorelle gli andarono incontro
A pesar de sus intentos de parecer tristes, su alegría era visible.
Nonostante i loro tentativi di apparire addolorati, la loro gioia era visibile
Un momento después todo desapareció
Un attimo dopo tutto scomparve
Y las aprensiones de Bella también desaparecieron.
e anche le apprensioni di Bella scomparvero
porque sabía que podía confiar en la bestia
perché sapeva di potersi fidare della Bestia
Al mediodía encontró la cena lista.
A mezzogiorno trovò la cena pronta
Ella se sentó a la mesa
Si sedette a tavola
y se entretuvo con un concierto de música
e fu intrattenuta con un concerto di musica
Aunque no podía ver a nadie
anche se non riusciva a vedere nessuno
Por la noche se sentó a cenar otra vez
La sera si sedette di nuovo a cena
Esta vez escuchó el ruido que hizo la bestia.
questa volta sentì il rumore che faceva la Bestia

y ella no pudo evitar estar aterrorizada
e non poté fare a meno di essere terrorizzata
"belleza", dijo el monstruo
"Bella," disse il mostro
"¿Me permites comer contigo?"
"Mi permetti di mangiare con te?"
"Haz lo que quieras", respondió Bella temblando.
"Fai come ti pare," rispose Bella tremante
"No", respondió la bestia.
"No," rispose la Bestia
"Sólo tú eres la señora aquí"
"Tu sola sei la padrona qui"
"Puedes despedirme si soy problemático"
"Puoi mandarmi via se sono fastidioso"
"Despídeme y me retiraré inmediatamente"
"mandami via e mi ritirerò immediatamente"
-Pero dime, ¿no te parece que soy muy fea?
"Ma, dimmi; non pensi che io sia molto brutta?"
"Eso es verdad", dijo Bella.
«È vero» disse Bella
"No puedo decir una mentira"
"Non posso dire una bugia"
"Pero creo que tienes muy buen carácter"
"ma credo che tu sia di buon carattere"
"Sí, lo soy", dijo el monstruo.
"Lo sono davvero," disse il mostro
"Pero aparte de mi fealdad, tampoco tengo sentido"
"Ma a parte la mia bruttezza, non ho nemmeno senno"
"Sé muy bien que soy una criatura tonta"
"So benissimo di essere una creatura sciocca"
—No es ninguna locura pensar así —replicó Bella.
«Non è un segno di follia pensarlo», rispose Bella
"Come entonces, bella", dijo el monstruo.
"Mangia allora, Bella," disse il mostro
"Intenta divertirte en tu palacio"
"Cerca di divertirti nel tuo palazzo"

"Todo aquí es tuyo"
"Tutto qui è tuo"
"Y me sentiría muy incómodo si no fueras feliz"
"e mi sentirei molto a disagio se tu non fossi felice"
-Eres muy servicial -respondió Bella.
"Sei molto cortese," rispose Bella
"Admito que estoy complacido con su amabilidad"
"Ammetto di essere contento della tua gentilezza"
"Y cuando considero tu bondad, apenas noto tus deformidades"
"e quando considero la tua gentilezza, quasi non noto le tue deformità"
"Sí, sí", dijo la bestia, "mi corazón es bueno".
"Sì, sì," disse la Bestia, "il mio cuore è buono
"Pero aunque soy bueno, sigo siendo un monstruo"
"ma anche se sono bravo, sono pur sempre un mostro"
"Hay muchos hombres que merecen ese nombre más que tú"
"Ci sono molti uomini che meritano questo nome più di te"
"Y te prefiero tal como eres"
"e ti preferisco così come sei"
"y te prefiero más que a aquellos que esconden un corazón ingrato"
"e ti preferisco più di quelli che nascondono un cuore ingrato"
"Si tuviera algo de sentido común", respondió la bestia.
"se solo avessi un po' di buonsenso," rispose la Bestia
"Si tuviera sentido común, te haría un buen cumplido para agradecerte"
"se avessi buon senso farei un bel complimento per ringraziarvi"
"Pero soy tan aburrida"
"ma sono così ottuso"
"Sólo puedo decir que le estoy muy agradecido"
"Posso solo dire che ti sono molto grato"
Bella comió una cena abundante
Bella ha mangiato una cena abbondante
y ella casi había superado su miedo al monstruo

e aveva quasi vinto il suo terrore del mostro
Pero ella quería desmayarse cuando la bestia le hizo la siguiente pregunta.
ma voleva svenire quando la Bestia le fece la domanda successiva
"Belleza, ¿quieres ser mi esposa?"
"Bella, vuoi essere mia moglie?"
Ella tardó un tiempo antes de poder responder.
Ci mise un po' di tempo prima di poter rispondere
Porque tenía miedo de hacerlo enojar
perché aveva paura di farlo arrabbiare
Al final, sin embargo, dijo: "No, bestia".
alla fine, però, disse "no, Bestia"
Inmediatamente el pobre monstruo silbó muy espantosamente.
Immediatamente il povero mostro sibilò spaventosamente
y todo el palacio hizo eco
e tutto il palazzo echeggiò
Pero Bella pronto se recuperó de su susto.
ma Bella si riprese presto dallo spavento
porque la bestia volvió a hablar con voz triste
perché la Bestia parlò di nuovo con voce triste
"Entonces adiós, belleza"
"allora addio, Bella"
y sólo se volvía de vez en cuando
e lui tornava indietro solo di tanto in tanto
mirarla mientras salía
a guardarla mentre usciva
Ahora Bella estaba sola otra vez
ora Bella era di nuovo sola
Ella sintió mucha compasión
Provava una grande compassione
"Ay, es una lástima"
"Ahimè, sono mille pietà"
"**algo tan bueno no debería ser tan feo**"
"Tutto ciò che è così bonario non dovrebbe essere così brutto"

Bella pasó tres meses muy contenta en palacio.
Bella trascorse tre mesi molto contenta nel palazzo
Todas las noches la bestia le hacía una visita.
ogni sera la Bestia le faceva visita
y hablaron durante la cena
e parlarono durante la cena
Hablaban con sentido común
Parlavano con buon senso
Pero no hablaban con lo que la gente llama ingenio.
Ma non parlavano con quella che la gente chiama arguzia
Bella siempre descubre algún carácter valioso en la bestia.
Bella ha sempre scoperto un carattere prezioso nella Bestia
y ella se había acostumbrado a su deformidad
e si era abituata alla sua deformità
Ella ya no temía el momento de su visita.
Non temeva più l'ora della sua visita
Ahora a menudo miraba su reloj.
ora guardava spesso l'orologio
y ella no podía esperar a que fueran las nueve en punto
e non vedeva l'ora che fossero le nove
Porque la bestia nunca dejaba de venir a esa hora
perché la Bestia non mancava mai di arrivare a quell'ora
Sólo había una cosa que preocupaba a Bella.
c'era solo una cosa che riguardava Bella
Todas las noches antes de irse a dormir la bestia le hacía la misma pregunta.
ogni sera, prima di andare a letto, la Bestia le faceva la stessa domanda
El monstruo le preguntó si sería su esposa.
Il mostro le chiese se sarebbe stata sua moglie
Un día ella le dijo: "bestia, me pones muy nerviosa"
un giorno gli disse: "Bestia, mi metti molto a disagio"
"Me gustaría poder consentir en casarme contigo"
"Vorrei poter acconsentire a sposarti"
"Pero soy demasiado sincero para hacerte creer que me casaría contigo"

"ma sono troppo sincero per farti credere che ti sposerei"
"nuestro matrimonio nunca se realizará"
"Il nostro matrimonio non si farà mai"
"Siempre te veré como un amigo"
"Ti vedrò sempre come un amico"
"Por favor, trate de estar satisfecho con esto"
"Per favore, cerca di essere soddisfatto di questo"
"Debo estar satisfecho con esto", dijo la bestia.
"Devo essere soddisfatto di questo," disse la Bestia
"Conozco mi propia desgracia"
"Conosco la mia sfortuna"
"pero te amo con el más tierno cariño"
"ma io ti amo con il più tenero affetto"
"Sin embargo, debo considerarme feliz"
"Tuttavia, dovrei considerarmi felice"
"Y me alegraría que te quedaras aquí"
"e sarei felice che tu restassi qui"
"Prométeme que nunca me dejarás"
"Promettimi di non lasciarmi mai"
Bella se sonrojó ante estas palabras.
Bella arrossì a queste parole
Un día Bella se estaba mirando en el espejo.
un giorno Bella si guardava allo specchio
Su padre se había preocupado muchísimo por ella.
suo padre si era preoccupato da morire per lei
Ella anhelaba verlo de nuevo más que nunca.
desiderava rivederlo più che mai
"Podría prometerte que nunca te abandonaré por completo"
"Potrei prometterti di non lasciarti mai del tutto"
"Pero tengo un deseo tan grande de ver a mi padre"
"ma ho tanta voglia di vedere mio padre"
"Me molestaría muchísimo si dijeras que no"
"Sarei incredibilmente arrabbiato se dicessi di no"
"Preferiría morir yo mismo", dijo el monstruo.
«Preferirei morire io stesso», disse il mostro
"Prefiero morir antes que hacerte sentir incómodo"

"Preferirei morire piuttosto che farti sentire a disagio"
"Te enviaré con tu padre"
"Ti manderò da tuo padre"
"permanecerás con él"
"Tu rimarrai con lui"
"y esta desafortunada bestia morirá de pena en su lugar"
"e questa sfortunata Bestia morirà invece di dolore"
"No", dijo Bella, llorando.
«No», disse Bella, piangendo
"Te amo demasiado para ser la causa de tu muerte"
"Ti amo troppo per essere la causa della tua morte"
"Te doy mi promesa de regresar en una semana"
"Ti prometto di tornare tra una settimana"
"Me has demostrado que mis hermanas están casadas"
"Mi hai mostrato che le mie sorelle sono sposate"
"y mis hermanos se han ido al ejército"
"E i miei fratelli sono andati all'esercito"
"déjame quedarme una semana con mi padre, ya que está solo"
"Lasciami stare una settimana con mio padre, perché è solo"
"Estarás allí mañana por la mañana", dijo la bestia.
"Sarai lì domani mattina," disse la Bestia
"pero recuerda tu promesa"
"Ma ricordati della tua promessa"
"Solo tienes que dejar tu anillo sobre una mesa antes de irte a dormir"
"Devi solo posare il tuo anello su un tavolo prima di andare a letto"
"Y luego serás traído de regreso antes de la mañana"
"E poi sarai ricondotto prima del mattino"
"Adiós querida belleza", suspiró la bestia.
"Addio cara Bella," sospirò la Bestia
Bella se fue a la cama muy triste esa noche.
Bella andò a letto molto triste quella notte
Porque no quería ver a la bestia tan preocupada.
perché non voleva vedere la Bestia così preoccupata

A la mañana siguiente se encontró en la casa de su padre.
La mattina dopo si ritrovò a casa di suo padre
Ella hizo sonar una campanita junto a su cama.
Ha suonato un campanello accanto al suo letto
y la criada dio un grito fuerte
e la cameriera lanciò un forte grido
y su padre corrió escaleras arriba
e suo padre corse al piano di sopra
Él pensó que iba a morir de alegría.
Pensava che sarebbe morto di gioia
La sostuvo en sus brazos durante un cuarto de hora.
La tenne tra le braccia per un quarto d'ora
Finalmente los primeros saludos terminaron.
Alla fine i primi saluti erano finiti
Bella empezó a pensar en levantarse de la cama.
Bella cominciò a pensare di alzarsi dal letto
pero se dio cuenta de que no había traído ropa
ma si rese conto di non aver portato vestiti
pero la criada le dijo que había encontrado una caja
ma la cameriera le disse che aveva trovato una scatola
El gran baúl estaba lleno de vestidos y batas.
Il grande baule era pieno di abiti e vestiti
Cada vestido estaba cubierto de oro y diamantes.
Ogni abito era ricoperto d'oro e diamanti
Bella agradeció a la Bestia por su amable atención.
Bella ringraziò la Bestia per le sue gentili cure
y tomó uno de los vestidos más sencillos
e prese uno dei vestiti più semplici
Ella tenía la intención de regalar los otros vestidos a sus hermanas.
Intendeva dare gli altri abiti alle sue sorelle
Pero ante ese pensamiento el arcón de ropa desapareció.
ma a quel pensiero il baule dei vestiti scomparve
La bestia había insistido en que la ropa era solo para ella.
La Bestia aveva insistito che i vestiti erano solo per lei
Su padre le dijo que ese era el caso.

Suo padre le disse che era così
Y enseguida volvió el baúl de la ropa.
e subito il baule dei vestiti tornò di nuovo
Bella se vistió con su ropa nueva
Bella si è vestita con i suoi nuovi vestiti
Y mientras tanto las doncellas fueron a buscar a sus hermanas.
e nel frattempo le cameriere andavano a cercare le sue sorelle
Ambas hermanas estaban con sus maridos.
Entrambe le sorelle erano con i loro mariti
Pero sus dos hermanas estaban muy infelices.
ma entrambe le sue sorelle erano molto infelici
Su hermana mayor se había casado con un caballero muy guapo.
La sorella maggiore aveva sposato un gentiluomo molto bello
Pero estaba tan enamorado de sí mismo que descuidó a su esposa.
ma era così affezionato a se stesso che trascurava sua moglie
Su segunda hermana se había casado con un hombre ingenioso.
La sua seconda sorella aveva sposato un uomo spiritoso
Pero usó su ingenio para atormentar a la gente.
Ma usava la sua arguzia per tormentare la gente
Y atormentaba a su esposa sobre todo.
e tormentava sua moglie più di ogni altra cosa
Las hermanas de Bella la vieron vestida como una princesa
Le sorelle di Bella la videro vestita come una principessa
y se enfermaron de envidia
ed erano nauseati d'invidia
Ahora estaba más bella que nunca
ora era più bella che mai
Su comportamiento cariñoso no pudo sofocar sus celos.
Il suo comportamento affettuoso non riusciva a soffocare la loro gelosia
Ella les contó lo feliz que estaba con la bestia.
disse loro quanto fosse felice con la Bestia

y sus celos estaban a punto de estallar
e la loro gelosia era pronta a scoppiare
Bajaron al jardín a llorar su desgracia.
Scesero in giardino a piangere per la loro sfortuna
"¿En qué sentido esta pequeña criatura es mejor que nosotros?"
"In che senso questa piccola creatura è migliore di noi?"
"¿Por qué debería estar mucho más feliz?"
«Perché dovrebbe essere molto più felice?»
"Hermana", dijo la hermana mayor.
"Sorella", disse la sorella maggiore
"Un pensamiento acaba de golpear mi mente"
"Un pensiero mi ha colpito la mente"
"Intentemos mantenerla aquí más de una semana"
"Cerchiamo di tenerla qui per più di una settimana"
"Quizás esto enfurezca al tonto monstruo"
"Forse questo farà infuriare lo sciocco mostro"
"porque ella hubiera faltado a su palabra"
"perché avrebbe mancato alla sua parola"
"y entonces podría devorarla"
"e allora potrebbe divorarla"
"Esa es una gran idea", respondió la otra hermana.
«È un'ottima idea», rispose l'altra sorella
"Debemos mostrarle la mayor amabilidad posible"
"Dobbiamo mostrarle quanta più gentilezza possibile"
Las hermanas tomaron esta resolución
Le suore presero questa decisione
y se comportaron con mucho cariño con su hermana
e si comportavano molto affettuosamente con la sorella
La pobre belleza lloró de alegría por toda su bondad.
la povera Bella piangeva di gioia per tutta la sua gentilezza
Cuando la semana se cumplió, lloraron y se arrancaron el pelo.
Quando la settimana era scaduta, piangevano e si strappavano i capelli
Parecían muy apenados por separarse de ella.

Sembravano così dispiaciuti di separarsi da lei
y Bella prometió quedarse una semana más
e Bella ha promesso di rimanere una settimana in più
Mientras tanto, Bella no pudo evitar reflexionar sobre sí misma.
Nel frattempo, Bella non poteva fare a meno di riflettere su se stessa
Ella se preocupaba por lo que le estaba haciendo a la pobre bestia.
si preoccupava di quello che stava facendo alla povera Bestia
Ella sabía que lo amaba sinceramente.
Lei sa che lo amava sinceramente
Y ella realmente anhelaba verlo otra vez.
e desiderava davvero rivederlo
La décima noche también la pasó en casa de su padre.
la decima notte la passò anche lei a casa del padre
Ella soñó que estaba en el jardín del palacio.
Sognò di essere nel giardino del palazzo
y soñó que veía a la bestia extendida sobre la hierba
e sognò di vedere la Bestia distesa sull'erba
Parecía reprocharle con voz moribunda
sembrava rimproverarla con voce morente
y la acusó de ingratitud
e lui l'accusò di ingratitudine
Bella se despertó de su sueño.
Bella si svegliò dal suo sonno
y ella estalló en lágrimas
e scoppiò in lacrime
"¿No soy muy malvado?"
"Non sono io molto malvagio?"
"¿No fue cruel de mi parte actuar tan cruelmente con la bestia?"
«Non è stato crudele da parte mia comportarmi in modo così scortese con la Bestia?»
"La bestia hizo todo lo posible para complacerme"
"La bestia ha fatto di tutto per farmi piacere"

-¿Es culpa suya que sea tan feo?
«È colpa sua se è così brutto?»
¿Es culpa suya que tenga tan poco ingenio?
«È colpa sua se ha così poco spirito?»
"Él es amable y bueno, y eso es suficiente"
"È buono e gentile, e questo basta"
"¿Por qué me negué a casarme con él?"
"Perché ho rifiutato di sposarlo?"
"Debería estar feliz con el monstruo"
"Dovrei essere felice con il mostro"
"Mira los maridos de mis hermanas"
"Guarda i mariti delle mie sorelle"
"ni el ingenio ni la belleza los hacen buenos"
"né l'arguzia, né l'essere bello li rende buoni"
"Ninguno de sus maridos las hace felices"
"Nessuno dei loro mariti le rende felici"
"pero virtud, dulzura de carácter y paciencia"
"ma virtù, dolcezza d'animo e pazienza"
"Estas cosas hacen feliz a una mujer"
"Queste cose rendono felice la donna"
"y la bestia tiene todas estas valiosas cualidades"
"e la Bestia ha tutte queste preziose qualità"
"Es cierto; no siento la ternura del afecto por él"
"È vero; Non sento la tenerezza dell'affetto per lui"
"Pero encuentro que tengo la más alta gratitud por él"
"ma trovo di avere la più alta gratitudine per lui"
"y tengo por él la más alta estima"
"e ho la più alta stima di lui"
"y él es mi mejor amigo"
"E lui è il mio migliore amico"
"No lo haré miserable"
"Non lo renderò infelice"
"Si fuera tan desagradecido nunca me lo perdonaría"
"Se fossi così ingrato, non me lo perdonerei mai"
Bella puso su anillo sobre la mesa.
Bella ha messo il suo anello sul tavolo

y ella se fue a la cama otra vez
e andò di nuovo a letto
Apenas estaba en la cama cuando se quedó dormida.
Era appena a letto che si addormentò
Ella se despertó de nuevo a la mañana siguiente.
Si svegliò di nuovo la mattina dopo
Y ella estaba muy contenta de encontrarse en el palacio de la bestia.
ed era felicissima di trovarsi nel palazzo della Bestia
Ella se puso uno de sus vestidos más bonitos para complacerlo.
Ha indossato uno dei suoi vestiti più belli per compiacerlo
y ella esperó pacientemente la tarde
e attese pazientemente la sera
llegó la hora deseada
Finalmente giunse l'ora desiderata
El reloj dio las nueve, pero ninguna bestia apareció
l'orologio batté le nove, ma non apparve nessuna Bestia
Bella entonces temió haber sido la causa de su muerte.
Bella allora temeva di essere stata la causa della sua morte
Ella corrió llorando por todo el palacio.
Corse piangendo per tutto il palazzo
Después de haberlo buscado por todas partes, recordó su sueño.
Dopo averlo cercato dappertutto, si ricordò del suo sogno
y ella corrió hacia el canal en el jardín
e corse verso il canale in giardino
Allí encontró a la pobre bestia tendida.
lì trovò la povera Bestia distesa
y estaba segura de que lo había matado
ed era sicura di averlo ucciso
Ella se arrojó sobre él sin ningún temor.
gli si gettò addosso senza alcun timore
Su corazón todavía latía
il suo cuore batteva ancora
Ella fue a buscar un poco de agua al canal.

andò a prendere un po' d'acqua dal canale
y derramó el agua sobre su cabeza
E gli versò l'acqua sul capo
La bestia abrió los ojos y le habló a Bella.
la Bestia aprì gli occhi e parlò alla Bella
"Olvidaste tu promesa"
"Hai dimenticato la tua promessa"
"Me rompió el corazón haberte perdido"
"Avevo il cuore spezzato per averti perso"
"Resolví morirme de hambre"
"Ho deciso di morire di fame"
"pero tengo la felicidad de verte una vez más"
"ma ho la felicità di rivederti ancora una volta"
"Así tengo el placer de morir satisfecho"
"così ho il piacere di morire soddisfatto"
"No, querida bestia", dijo Bella, "no debes morir".
"No, cara Bestia," disse Bella, "non devi morire"
"Vive para ser mi marido"
"Vivere per essere mio marito"
"Desde este momento te doy mi mano"
"da questo momento ti do la mia mano"
"Y juro no ser nadie más que tuyo"
"e giuro di essere solo tuo"
"¡Ay! Creí que sólo tenía una amistad para ti"
"Ahimè! Pensavo di avere solo un'amicizia per te"
"Pero el dolor que ahora siento me convence;"
"ma il dolore che provo ora mi convince";
"No puedo vivir sin ti"
"Non posso vivere senza di te"
Bella apenas había dicho estas palabras cuando vio una luz.
Bella aveva appena pronunciato queste parole quando vide una luce
El palacio brillaba con luz
Il palazzo brillava di luce
Los fuegos artificiales iluminaron el cielo
I fuochi d'artificio illuminavano il cielo

y el aire se llenó de música
e l'aria piena di musica
Todo daba aviso de algún gran acontecimiento
Tutto dava l'avviso di qualche grande evento
Pero nada podía captar su atención.
ma nulla riusciva a catturare la sua attenzione
Ella se volvió hacia su querida bestia.
si rivolse alla sua cara Bestia
La bestia por la que ella temblaba de miedo
la Bestia per la quale tremava di paura
¡Pero su sorpresa fue grande por lo que vio!
Ma la sua sorpresa fu grande per quello che vide!
La bestia había desaparecido
la Bestia era scomparsa
En cambio, vio al príncipe más encantador.
invece vide il principe più bello
Ella había puesto fin al hechizo.
Aveva messo fine all'incantesimo
Un hechizo bajo el cual se parecía a una bestia.
un incantesimo sotto il quale assomigliava a una Bestia
Este príncipe era digno de toda su atención.
Questo principe era degno di tutta la sua attenzione
Pero no pudo evitar preguntar dónde estaba la bestia.
ma non poté fare a meno di chiedere dove fosse la Bestia
"Lo ves a tus pies", dijo el príncipe.
"Lo vedi ai tuoi piedi," disse il principe
"Un hada malvada me había condenado"
"Una fata malvagia mi aveva condannato"
"Debía permanecer en esa forma hasta que una hermosa princesa aceptara casarse conmigo"
"Dovevo rimanere in quella forma fino a quando una bella principessa non avesse accettato di sposarmi"
"El hada ocultó mi entendimiento"
"La fata ha nascosto il mio intelletto"
"Fuiste el único lo suficientemente generoso como para quedar encantado con la bondad de mi temperamento"

"Sei stato l'unico abbastanza generoso da essere affascinato dalla bontà del mio carattere"
Bella quedó felizmente sorprendida
Bella è stata felicemente sorpresa
Y le dio la mano al príncipe encantador.
e diede la mano al principe azzurro
Entraron juntos al castillo
Entrarono insieme nel castello
Y Bella se alegró mucho al encontrar a su padre en el castillo.
e Bella fu felicissima di trovare suo padre nel castello
y toda su familia estaba allí también
e c'era anche tutta la sua famiglia
Incluso Bella dama que apareció en su sueño estaba allí.
Anche Bella signora che le era apparsa in sogno era lì
"Belleza", dijo la dama del sueño.
"Bella", disse la dama del sogno
"ven y recibe tu recompensa"
"Vieni e ricevi la tua ricompensa"
"Has preferido la virtud al ingenio o la apariencia"
"Hai preferito la virtù all'arguzia o all'aspetto"
"Y tú mereces a alguien en quien se unan estas cualidades"
"E tu meriti qualcuno in cui queste qualità siano unite"
"vas a ser una gran reina"
"Diventerai una grande regina"
"Espero que el trono no disminuya vuestra virtud"
"Spero che il trono non diminuisca la tua virtù"
Entonces el hada se volvió hacia las dos hermanas.
Allora la fata si rivolse alle due sorelle
"He visto dentro de vuestros corazones"
"Ho visto dentro i vostri cuori"
"Y sé toda la malicia que contienen vuestros corazones"
"e conosco tutta la malizia che i vostri cuori contengono"
"Ustedes dos se convertirán en estatuas"
"Voi due diventerete statue"
"pero mantendréis vuestras mentes"
"Ma voi manterrete la vostra mente"

"**estarás a las puertas del palacio de tu hermana**"
"Ti fermerai alle porte del palazzo di tua sorella"
"**La felicidad de tu hermana será tu castigo**"
"La felicità di tua sorella sarà la tua punizione"
"**No podréis volver a vuestros antiguos estados**"
"Non potrai tornare ai tuoi stati precedenti"
"**A menos que ambos admitan sus errores**"
"A meno che entrambi non ammettiate le vostre colpe"
"**Pero preveo que siempre permaneceréis como estatuas**"
"ma prevedo che rimarrete sempre statue"
"**El orgullo, la ira, la gula y la ociosidad a veces se vencen**"
"L'orgoglio, l'ira, la gola e l'ozio sono talvolta vinti"
"**pero la conversión de las mentes envidiosas y maliciosas son milagros**"
"Ma la conversione delle menti invidiose e maligne sono miracoli"
Inmediatamente el hada dio un golpe con su varita.
Immediatamente la fata diede un colpo con la bacchetta
Y en un momento todos los que estaban en el salón fueron transportados.
e in un attimo tutti quelli che erano nella sala furono trasportati
Habían entrado en los dominios del príncipe.
Erano entrati nei domini del principe
Los súbditos del príncipe lo recibieron con alegría.
I sudditi del principe lo accolsero con gioia
El sacerdote casó a Bella y la bestia
il prete sposò Bella e la bestia
y vivió con ella muchos años
e visse con lei molti anni
y su felicidad era completa
e la loro felicità era completa
porque su felicidad estaba fundada en la virtud
perché la loro felicità era fondata sulla virtù

El fin / La fine
www.tranzlaty.com

www.ingramcontent.com/pod-product-compliance
Lightning Source LLC
Chambersburg PA
CBHW011555070526
44585CB00023B/2607